Chichewa 101

Dictionary

Travel

Size

Heather Katsonga-Woodward

BY THE SAME AUTHOR

To Become an Investment Banker:

Girl Banker®'s Bullet Point Guide to Highflying Success

www.girlbanker.com

Foreword

Heather Katsonga-Woodward (or Heather Phiri, as she was then) was an outstanding pupil at Kamuzu Academy. She was not one of those shy girls who don't speak unless spoken to, on the contrary! She was always keen both to ask and to give answers to questions, and if any other pupil dared to laugh at her she would turn right round and give him a piece of her mind! Consequently teaching Catullus and Virgil to her set was a memorable experience, which brought the literature alive for me as well as for everyone else.

Now Heather, having written a marvellous book advising young people on how to become an investment banker, has become a teacher of her own language, writing this book, part grammar and part phrase-book. It is unusual in that it is written by a native speaker and is full of colloquial expressions and idioms; so as well as covering the basics for beginners it is also very helpful for people who have studied the language a little already and want to become more fluent. I highly recommend it.

Andrew Goodson
Kamuzu Academy

Publisher's Note

Every possible effort has been made to ensure that the information contained in this book is accurate at the time of going to press, and the publishers and author cannot accept responsibility for any errors or omissions, however caused. No responsibility for loss or damage occasioned to any person acting, or refraining from action, as a result of the material in this publication can be accepted by the editor, the publisher or the author. No part of this publication may be reproduced in any manner without prior written consent of the author.

First published in Great Britain & the United States in 2012 by Zumex Press.

www.Chichewa101.com
youtube.com/hkatsonga

ISBN 978-1480112261

 Cover art: The Kuseka Crew, kuseka.com

For my Harry, for Cecillia,

"If you talk to a man in a language he understands, that goes to his head. If you talk to him in his own language, that goes to his heart." – Nelson Mandela

Zumex Press

Table of Contents

Introduction to Chichewa 101

My husband wanted to learn Chichewa (my language, spoken in Malawi as well as parts of Zambia, Mozambique and Tanzania). It was his New Year's resolution for 2011. As we sat discussing this over the dinner table with my aunt Grace, we decided that filming our lessons and uploading them onto YouTube would incentivize us to keep working at it.

The Chichewa 101 series was my first experience with uploading videos onto YouTube. We didn't expect anyone else to be interested in these videos (except our friends, for laughs) but to our surprise we get Chichewa inquiries almost weekly. People even subscribe to The Channel!

I was most touched when a doctor from the USA was working in some clinics in my father's native village, Neno, and they emailed asking me to translate some body parts. They needed these words to communicate more effectively with patients.

The overwhelming response to **YouTube.com/hktasonga** led to this book. It's suitable for *anyone* wanting to get to grips with the basics of Chichewa.

My mother edited the first draft of this book. She is very interested in language and I discovered she's also extremely diligent (must be where I get it from!); I thoroughly enoyed the opportunity to work with her.

I then sent a copy to my former Greek and Latin teacher, Andrew Goodson, and asked him to have a look. It was more as an 'FYI' but I was amazed at his depth of feedback and his strong command of Chichewa. It was totally unexpected. He is a great linguist and has an outstanding command of many languages. His knowledge of Chichewa's structure and function is such that I would insist he be awarded honorary Malawian citizenship. He understands the language far better than 95% of Malawians.

In some ways, Chichewa is simpler than English. For instance, we do not differentiate between 'he' and 'she'.

In other ways, it is far more complex. For example, speech has to be modified depending on whether one is speaking to a subordinate or superior (in age or status).

Either way, it is a fun language with a somewhat romantic tone compared to other African languages. Enjoy.

Heather

A little about Malawi

- The "Republic of Malawi" is a beautiful, lush country in the South East of Africa. It's landlocked between Zambia, Mozambique and Tanzania.[1]

- Malawi was known as Nyasaland prior to independence from British rule in 1964.

- It is sometimes referred to as "The Warm Heart of Africa" because the people are so warm, welcoming, and friendly.

- Lilongwe is the capital city of Malawi. Blantyre is the second biggest city and was the indisputable commercial capital until 2004. In 2004, many Government offices were moved to Lilongwe and a lot of commercial activity moved with them.

- The population is 15.4 million (UN, 2011).[2]

- Malawi is 118,484 square kilometers in size; about 20% of this is water.

- There is a huge lake called "Lake Malawi"; the lake covers 20% of the country.[3]

- Malawi's currency is the kwacha. 100 tambala make 1 kwacha.

- English and Chichewa are the official languages of Malawi.

- Religion is important in Malawi. Estimates vary widely; however, according to the CIA World Fact Book 82.7% of Malawians are Christian, 13% Muslim, 1.9% other (primarily Hindu), 2.5% have no religion (2008 census).[4]

- Roughly 12% of the population is estimated to be living with HIV/AIDS. This has fallen from 14-15% a few years ago.[5]

- From 1964 to 1994 Malawi had one-party rule. The president was Kamuzu Banda, sometimes referred to as Ngwazi. Some consider him a despot, others a hero, the Lion of Malawi.

- Malawi's first democratically elected president, Bakili Muluzi, ruled from 1994 to 2004.

- Bingu wa Mutharika the third president was in power from 2004 to April 2012 when he died in office during his second five-year term.

- The current president is Mrs Joyce Mtila Banda. She was Bingu's Vice President and came to power upon his death as the Constitution dictates.

- Tobacco is Malawi's main export; more than 50% of export revenue comes from tobacco. In some years it accounts for as much as 70% of export revenue.

- Other exports include tea, sugar, cotton, peanuts, wood products and a small amount of clothing.
- Annual GDP per capita is $350-400 depending on the source. In PPP terms that is apparently $800-900. We are one of the ten poorest countries in the world and have been for a long time.

www.chichewa101.com

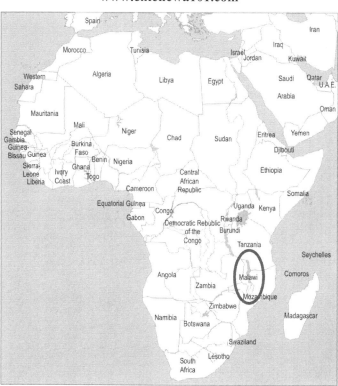

The Chichewa Dictionary

(v) = verb, (n) = noun, (adj) = adjective.

In most instances, the verbs provided can be used as commands by removing the letters "ku" at the beginning. e.g. **kubwera:** to come, and **bwera:** come! (singular). Just add "ni" to make it plural/respectful i.e. **bwera<u>ni</u>**.

There are a few exceptions, where a word cannot be used as it is. In this case "prefix needed" has been added as a note. e.g. **imwa:** drink, **idya:** eat; the verb forms remove the "i" i.e. **kumwa:** to drink (*not* kuimwa), **kudya:** to die (*not* kuidya).

Where you see two Chichewa words provided for one English word, it does not mean they are exactly interchangeable. Usually, depending on the context, it makes more sense to use one rather than the other. That said, some words can be used interchangeably.

Many words which are adjectives in English are verbs in Chichewa, and so have the prefix wo- or o-, e.g. madzi ochepa (a little water), tiyi wotentha (hot tea), munthu wokongola (a beautiful person), galu woopsa (a scary dog), mwamuna wonenepa (a fat man)

Words presented with a dash before them need to be used with a prefix. Words with a dash after them need a suffix.

Adjectives: there are four *main* types of adjectival prefixes according to the type of word: e.g. nkhuku **zi**-ngapo (several chickens), nkhuku **zo**-yamba (the first (group of) chickens), nkhuku **za**-chikuda (road runner chicken), nkhuku **za-zi**-kulu (big chickens).

However, certain words, such as munthu and galu, are associated with a larger class of prefixes. In the examples below, hyphens have been added to distinguish the prefix from the stem, the hyphens aren't usually there.

- **wa-:** munthu wa-mphamvu (a strong person), galu wa-nga (my dog), apozi wa-bwino (a nice apple), tiyi wa-mbiri (a lot of tea)
- **wo-:** munthu wo-ipa (a bad person), galu wo-yamba (the first dog)
- **m(u)-:** munthu m-modzi (one person), apozi mu-wiri (two apples), tomato m-ngati? (how many tomatoes?), anyezi m-ngapo (several onions)
- **wa-m(u)-:** munthu wa-m-tali (a tall person), galu wa-m-kulu (a big dog), apozi wa-mu-wisi (a raw apple)

- **ye-:** munthu ye-nse (a whole person), galu ye-kha (only the dog), apozi ye-mwe-yo (the same apple)

- **w-:** munthu w-ina (another person), galu w-eni w-eni (a real dog)

- **u-:** munthu u-ja (that person), galu u-yu (this dog), Julayi u-no (this July), munthu u-ti? (which person?)

This class also has two verb prefixes:

- **a-:** munthu a-ona (a person will see), galu a-li-ye-nse (any dog)

- **wa-:** munthu wa-pita (a person has gone), galu wa-fa (the dog has died), apozi wa-ti-thera (we have run out of apples)

Note: the *Chichewa 101 Dictionary* is designed for quick reference only. Some words need further explanation so if you want more background, you might wish to get *Chichewa 101 – Learn Chichewa in 101 Bite-sized Lessons*. Any reference to "Lessons" is a reference to this book.

A

a little (can't be applied to people): pang'ono, e.g. **I want a little milk:** ndikufuna mkaka (wa) pang'ono

abandon (v): kusiya, e.g. **he abandoned his wife:** anasiya akazi ake

able (can) (v): kutha, e.g. **I am able to dance i.e. I can dance:** ndimatha kuvina

about/around (of time): cha ma, e.g. **about 6:** cha ma sikisi

above: pamwamba, e.g. **put it above that box:** ika pamwamba pa bokosi ilo

abroad: kunja

absent (v): kujomba e.g. **he/she is absent:** wajomba (literally means the person has skipped work or school)

accept (v): kulola *or* –vomera, e.g. **accept that you are wrong:** lola kuti walakwa *or* vomera kuti walakwa

accident(s): ngozi (singular and plural)

accompany (v): kutsagana, kuperekeza (more common), e.g **they accompanied each other / they went together:** anatsagana; **I will accompany you:** ndikuperekeza

accused: wolakwa; woyimbidwa mlandu

ache (v): kuwawa; -pweteka, e.g. **my back is aching:** msana ukuwawa *or* msana ukupweteka

across the way: patsidyapo, e.g. **he/she lives across the way:** amakhala patisidyapo

add (as in top up) (v): kuonjeza, -onjeza, kuphatikiza, e.g. if someone was packing a bag of fruit for you and you wanted more mango, you would say "onjeza mango"

add a lot more (command): chulukitsani

advise (v): kulangiza

aeroplane: ndege (singular and plural)

affair, to have an affair with (v): kunyengana ndi

afford, i.e. I can't afford it: ndilibe ndalama zokwana (literally, I don't have enough money)

afraid, to be (v): kuopa

after: -ta-, requires an adjustment of the verb. Use the stem of the verb and the future prefix. e.g. **to eat:** kudya; the stem is -dya. **After I had eaten:** ndi<u>ta</u>dya; **after they had eaten:** <u>ata</u>dya (see the 'Summary on conjugating verbs' at the back for the future tense's prefix)

afternoon: masana

ago: kwapita e.g. **two years ago:** kwapita zaka ziwiri

agree (v): kuvomera

agree i.e. to be in agreement (v): kugwirizana

ahead / in front: patsogolo; kutsogolo

AIDS: Edzi

air: mpweya, e.g. **I need air:** ndikufuna mpweya

airport: eyapoti; bwalo la ndege

alert (v): kudziwitsa

alert, i.e. to be alert (v): kukhala wacheru

alive: ndi moyo, e.g. **he's alive:** ali ndi moyo

all: onse, e.g. **all people:** anthu onse

allow (v): kulola; **not allow/let:** kukaniza, e.g. **my dad didn't allow me to go to the disco:** bambo anga anandikaniza kupita kudisiko

almost: -tsala pang'ono, e.g. **I am almost finished:** ndatsala pang'ono kumaliza; **the match is almost over:** mpira watsala pang'ono kutha

alone: examples, **I am alone:** ndili ndekha; **she/he is alone:** ali yekha; **they are alone:** ali okha

already: kale, e.g. **I have already eaten:** ndadya kale

also (or too): -nso e.g. **me also / me too:** inenso; **you also /**

me too: iwenso; **us also / us too:** ifenso

always: nthawi zonse

ambulance: ambulansi

am/is/are: ndili/ndine, see Lesson 27 for usage. e.g. **I am a teacher:** ndine mphunzitsi

amen: ameni

America: Amerika

amount to / to add up to (adj): kukwana (also, to be enough), e.g. **it amounts to 60:** zakwana sikisite

amuse (v): kusangalatsa

and: ndi

angry: kukwiya

animal(s): nyama (can be singular or plural) e.g. **wild animals:** nyama zakuthengo

announce (v): kulengeza

announcements: zolengeza

another: -ina e.g. **another person:** munthu wina, **another thing:** chinthu china; **other things:** zinthu zina

answer (v): kuyankha

ant(s): nyerere (both singular and plural)

anxiety: nkhawa, e.g. **I am anxious:** ndili ndi nkhawa

anyone: aliyense

anything: chilichonse

anywhere: paliponse, e.g. **sit anywhere:** khala paliponse

apologise (v): kupepesa

appear (v): kuoneka, e.g. **it appears:** zikuoneka ngati; **it appears he works in Blantyre:** zikuoneka ngati amagwira ntchito ku Blantyre

apple(s): apozi (singular and plural)

appropriate, to be: kuyenera

April: Epulo

area: dera

argue (v): kukangana

army: asilikali (literally, soldiers)

around (the sides): mbalimbali

arrive (v): kufika

ashes: phulusa

ask (v): kufunsa

ask out (v): kufunsira (i.e. for dating only)

assist (v): kuthandiza

assure (v): kutsimikiza

aubergine(s): (ma)biringanya

August: Ogasti

aunt: anti, zakhali

avocado(s): (ma)peyala

avoid / prevent (v): kupewa, e.g. **avoid illness:** pewani matenda

B

baboon(s): (a)nyani

baby / child (children): mwana (ana); to emphasize that it's a baby you can say mwana wa khanda and mwana wamng'ono for a toddler

back (body part): msana (pl. misana); kumbuyo

backside (rounded): mbina

backwards: m'mbuyo; cham'mbuyo

bad: -oipa, e.g. **a bad person:** munthu oipa; **a bad/rotten mango:** mango loipa

bad luck / unlucky: tsoka e.g. **that boy is unlucky:** mnyamata uja ndi wa tsoka

bag (bags): thumba (matumba) *or* chikwama (zikwama), e.g. **a bag of cement:** thumba la simenti; **my suitcase or handbag is lost:** chikwama changa cha sowa

baking powder: ufa wofufumitsa

ball (balls): mpira (mipira); mpira also means 'football' (the game)

bamboo: nsungwi

banana(s): nthochi (singular and plural)

bandage (v): bandeji

bandage (v): kumanga chilonda; kumanga bala

bandit (bandits): wachifwamba (achifwamba)

bank (for money): banki

baobab tree (trees): mlambe (milambe)

bargain (v): kunenelera

basket(s): (ma)dengu

bath towel: bafa tawulo

bath (v): kusamba, e.g. **I am going to bath:** ndikukasamba

beans: nyemba

bear children (v): kubala, e.g. **she gave birth to a child:** anabala mwana

bear on one's back (v): kubereka, e.g. **she bore/put a child on her back:** anabereka mwana

bear pain (v): kupilira

beard: ndevu (plural in Chichewa)

beast(s): chilombo (zilombo)

beat (v): kumenya

beautiful (adj): wokongola; -kongola e.g. **a beautiful**

person: munthu wokongola

because: chifukwa

bed sheet (bed sheets): nsalu yofunda; shitibedi (nsalu zofunda; mashitibedi)

bed(s): (ma)bedi

bedroom (bedrooms): chipinda (zipinda)

bee(s): njuchi

beef: nyama ya ng'ombe

beer: mowa (singular and plural)

before: -sana-, requires an adjustment of the verb. Use the stem of the verb and the future prefix and change the verb's last letter 'a' to an 'e'. e.g. **to eat:** kudya; the stem is -dya. **Before I eat:** ndisanadye; **before they eat:** asanadye (see the 'Summary on conjugating verbs' at the back for the future tense's prefix)

beg (v) or as in 'ask for' something: kupempha

begin (v): kuyamba

behaviour: khalidwe (sing.); makhalidwe (pl.)

behind: kumbuyo, pambuyo, e.g. **walk behind me:** yenda kumbuyo kwanga *or* yenda pambuyo panga (synonymous)

believe (v): kukhulupirira

bell(s): (ma)belu

belly button: mchombo

belly: mimba

belt(s): (ma)lamba e.g. **my belt:** lamba wanga

bend (v): kupinda

bend over (v): kuwerama

between: pakati pa

beware of (v): chenjerani, e.g. **beware of the dogs:** chenjerani ndi agalu (you will frequently see this on people's gates!)

bicycle: njinga (singular and plural)

big: -kulu, e.g. **big dog:** galu wamkulu, **big house:** nyumba yaikulu

bin(s): (ma)bini

bind together (v): kumanga; kulumikiza

birth, to give birth (v): kubereka

biscuit(s): (ma)bisiketi

bite (v): kuluma

bitter *or* **sour, i.e. to taste bitter/sour (v):** kuwawa, e.g. **it tastes bitter:** zikuwawa; also refers to foods like pepper

black: -kuda, e.g. **a black bag:** chikwama chakuda

blanket(s): (ma)bulangeti

blessed: wodalitsidwa / wodala

blessings: madalitso

blood: magazi

blouse(s): (ma)bulauzi

blow (v): kupepelera

blue: bulu

board (v): kukwera (i.e. to climb aboard)

boat(s): (ma)boti *or* (ma)bwato

body (bodies): thupi (matupi)

boil: kuwira, e.g. **the water is boling:** madzi akuwira

book(s): (ma)buku

border *or* **limit:** malire

born (v): kubadwa

borrow/lend (v): kubwereka; in Chichewa the root of the word for borrowing or lending is the same but usage is

differs, e.g. **he/she borrowed money from him:**
anabwereka ndalama kwa iye vs. **she lent <u>him/her</u> money:**
ana<u>mu</u>bwereka ndalama

bother (someone) (v): kuvutitsa

bother, to be a bother (v): kuvuta (i.e. to be a problem)

boy (boys): mnyamata (anyamata)

braid (v): kumanga tsitsi (literally, to tie hair)

bread: buledi

break (v): kuphwanya; kuswa; kusweka; kuthyola (sounds
like chola); kuthyoka (sounds like choka) – these words are
not entirely interchangeable, depending on the context it
makes more sense to use one rather than the other. Use
kuphwanya when something has been smashed to pieces
e.g. **He/she has broken the glass:** Waphwanya/ waswanya
galasi; kuswa is somewhat similar to kuphwanya. Use
kuthyoka for a context where something is broken into two
e.g. **He/she broke his/her leg:** Wathyoka mwendo. Note
that to break a leg is not kuthyola mwendo (unless you
break someone else's leg) but kuthyoka mwendo

breakfast: bulekifasti

breastfeed (v): kuyamwitsa

breast(s): (ma)bere

bridge: mlatho, ulalo; you may also hear 'buliji'

bright (v): kuwala, e.g. **the light is bright:** getsi likuwala

bring (v): kubweretsa

brother (brothers): mchimwene / achimwene (respectful), (azichimwene)

brother-in-law: mlamu; alamu (more respectful); also means sister-in-law

brush up against (v): kukhudza

buffalo: njati (singular and plural)

build (v): kumanga

bullet (bullets): chipolopolo (zipolopolo)

burial: maliro

burn (v): kuotcha

bus(es): (ma)basi

busfare: (ndalama ya) thiransipoti

bush: thengo, tchire

but: koma

butter: bata

buttock (buttocks): thako (matako)

buy (v): kugula

by: pa, pafupi (near) e.g. **I am by the big house:** ndili pa nyumba yaikulu; **I am by/near the bus:** ndili pafupi ndi basi; **come by bus:** ubwere pa basi

C

cabbage(s): kabichi (singular and plural)

cake(s): (ma)keke

call (v): kuitana

can: -nga-, requires an adjustment of the verb. Use the stem of the verb and the future prefix and change the verb's last letter 'a' to an 'e'. e.g. **to eat:** kudya; the stem is -dya. **I can eat:** ndingadye *or* ndingathe kudya; **they can eat:** angadye *or* angathe kudya (see the 'Summary on conjugating verbs' at the back for the future tense's prefix); **to be able:** -khoza, e.g. **I can eat:** ndikhoza kudya

canoe: bwato; ngalawa (less common)

car(s): (ma)galimoto

carefully: bwinobwino

carrot(s): (ma)kaloti

carry (v): kunyamula

carvings, curios: ziboliboli (pl.), chiboliboli (sing.)

cash: ndalama

cassava: chinangwa

cat(s): (a)mphaka

catch (v): kuwakha, kutenga, e.g. **I caught the ball:** ndinawakha mpira. To use kuwakha, something has to be thrown. **She caught AIDS from her husband:** anatenga EDZI kwa amuna ake

cease (v): kuleka

chair (chairs): mpando (mipando)

chance: mpata, e.g. **give me a chance (i.e. opportunity) to speak:** mundipatse mpata woyankula

change (v): kusintha

chat (v): kucheza

cheat in an exam (v): kubera, e.g. **he/she was cheating:** amabera

cheek (cheeks): tsaya (masaya)

chest: mtima

chew (v): kutafuna

chicken: nkhuku (singular and plural)

chief (chiefs): mfumu (mafumu); the respectful singular is amfumu

child (children): mwana (ana)

chill (v): kuziziritsa, e.g. **chill the beers:** ziziritsa mowa (sing.); ziziritsani mowa (pl.)

chilli: tsabola

choir(s): (ma)kwaya

choose (v): kusankha

church(es): (ma)tchalitchi

city (cities): tauni (matauni)

clap hands (v): kuomba m'manja

clean (adj): -yera, also means 'white' e.g. **these clothes are clean:** malaya awa ndi oyera

clean (v): kukonza; -kilina (kilina is obviously the Chichewanized version of the English, however, it is frequently used. '-chapa' literally means wash rather than clean)

clerk(s): (ma)kalaliki

climb (v): kukwera

close (v): kutseka; **close (as in near):** pafupi

closed: -tseka, e.g. **the store's closed:** sitolo ndi yotseka

cloth(es) i.e. patch(es) of: chigamba (zigamba)

cloth: nsalu (singular and plural)

clothing (clothes): (chovala) zovala

coach(es) i.e. bus(es): (ma)kochi

coffee: khofi

cold, to be: kuzizira, e.g. **I feel cold:** ndikumva kuzizira; **it is cold:** kukuzizira; **cold water:** madzi ozizira

cold/flu: chimfine

collect (v): kutenga

collect money (v): kutolera ndalama, e.g. **he/she is collecting money:** akutolera ndalama

comb: chipeso

come (v): kubwera

come down / descend (v): kutsika

command / order (v): kulamula

companion / friend: mnzanga (my friend) mnzako (your friend); see Lesson 13

complain (v): kudandaula (literally, to worry, frequently used with reference to medical complaints), 'to complain' in the negative English sense (e.g. she complains a lot) doesn't really exist as a word in Chichewa

confess (v) i.e. to reveal: kuulula; **confess sins (v):** kulapa

continue (v): kupitirira, e.g. **we continued our journey:**

tinapitiriza ulendo wathu

contribute (money) (v): kusonkha; kupereka

contusion(s) / sore(s): (ma)bala

cook (v): kuphika

cooked, to become cooked (i.e. ready to eat): kupsa, e.g. **the food is cooked/ready:** chakudya chapsa

cooker: kuka; pophikira

cooking oil: mafuta ophikira

cost: mtengo

couch (couches): mpando (mipando)

cough (n): chifuwa, e.g. **he/she has a cough:** ali ndi chifuwa

cough (v): kutsokomola, e.g. **he/she is coughing:** akutsokomola

count (v): kuwerengela

country (countries): dziko (mayiko)

cousin: msuwani; khazeni

cover (v): kufunda; kuphimba; kuvindikira; kufunda is used with reference to covering oneself with a blanket on a bed; you can't use it if you're talking about covering a face or a pot, it implicitly assumes covering up a body in a blanket or some other cloth.

cow(s) *or* ox(en): ng'ombe (singular and plural)

crawl (v): kukwawa

crocodile: ng'ona (singular and plural)

cross (adj.): -kwiya, e.g. **she's cross with you:** wakwiya nawe

cross (v): kuoloka

cross (n): mtanda

cry (v): kulira

cucumber (cucumbers): mnkhaka (minkhaka)

cup(s): (ma)kapu

cupboard(s): (ma)kabati

cut (v): kudula; kucheka

cut hair (v): kumeta

D

dad: dadi; bambo, e.g. **my dad:** bambo anga

daily: masiku onse; tsiku lililonse

dam(s): (ma)damu

dance (n): dansi, e.g. **I am going to a dance:** ndikupita ku dansi

dance (v): kuvina

dark (also, black / dirty) (adj): (-)kuda e.g. **it's starting to get dark:** kwayamba kuda; **it's (gotten) dark:** kwada; **dirty clothes:** zovala zakuda

daughter: mwana wamkazi (literally, female child)

dawn / daybreak: -cha, e.g. **it's dawn/the sun has risen:** kwacha. The sun has to have come out for one to say kwacha; we don't have drastic changes in the length of the day in Malawi across winter and summer so this works fine. However, if you live in the UK or any other region where winter days are very short you really couldn't say kwacha until daylight starts seeping through! I hesitate to call it 'sunlight'.

day (days): tsiku (masiku)

day after tomorrow: mkucha

day before yesterday: dzana

dead: wakufa (sing.); akufa (pl.)

deaf (n): gonthi (sing.), agonthi (pl.); wogontha (adj), e.g. **he/she is a deaf person:** ndi munthu wogontha

dear (expensive): -dula, e.g. **expensive house:** nyumba yodula; **it's expensive:** ndi chodula; **it's too expensive:** chadulitsa; **they're expensive:** ndizodula, **these clothes are expensive:** zovala izi ndi zodula

death: imfa

deceive (v): kunyenga (also means to have an affair)

December: Disembala

decide (v): kuganiza; kuganizira (literally, 'thinking' *or* 'thinking about'), e.g. **he/she decided to go to the disco:** aganiza zopita ku disiko

delay (v): kuchedwetsa, e.g. **you are delaying us:** ukutichedwetsa; **we were delayed:** tinacheredwa

deliver a baby (v): kubereketsa

deny /refuse (v): kukana

depart (v): kunyamuka

dependable: wodalirika

descend (v): kutsika

desire (v): kulakalaka

destroy / spoil (v): kuononga

detour (v): kukhotera

diarrhoea (n): use the verb 'kutsegula m'mimba', to have diarrhoea

diarrhoea: kutsegula m'mimba

die (v): kufa, e.g. **the dog died:** galu anafa

difficult, be (adj): wovuta, -vuta, e.g. **things are difficult:** zinthu zikuvuta; **women are difficult:** akazi ndi ovuta; **a difficult person:** munthu wovuta

dig (v): kukumba

dinner: dina

dirty: -kuda, e.g. **it's dirty:** ndi chakuda

disabled: -punduka; -lumala, e.g. **he/she is disabled (lame):** ndi wopunduka / ndi wolumala

discipline: khalidwe, better translated as behaviour but depending on the context can mean discipline e.g. **he/she ill- discipline/badly behaved:** alibe khalidwe

disclose (v): kuulula

disco: disiko

disease: matenda (pl.); nthenda (sing.) - you can use matenda in every circumstance though (singular or plural) so it is better to use that. Nthenda can only be used in very specific circumstances.

dishonest (adj): wopanda chilungamo (i.e. to lack honesty)

distance(s): mtunda (mitunda)

distribute / share (v): kugawa

district(s): (ma)dera

divide (v): kugawa

dizziness: chizungulire

dizzy, to be (v): kupanga chizungulire

do (v): kuchita

do/be wrong (v): kulakwa

doctor(s): (m)adokotala; (m)adotolo

dog(s): (a)galu

door (doors): chitseko (zitseko)

doubt (v): kukayika

down: pansi, e.g. **sit down:** khalani pansi; **put it down:** ikani pansi

drag (v): kukoka

draw (v): kujambula, e.g. **draw a picture / take a photo:** jambula chithunzi

drawer(s): (ma)dirowa

dress in / put on clothes (v): kuvala

dress(es): (ma)diresi

drink (v): kumwa, e.g. **he/she/it is or they are drinking water:** akumwa madzi

drive (v): kuyendetsa

driver(s): (ma)dalaiva

drop someone off (v): kutula

drown (v): kumira

drum(s): ng'oma (singular and plural)

drunk (v): woledzera; **to get drunk:** kuledzera

dry (adj.): -ouma, e.g. **dried fish:** nsomba zouma; **dry grass:** udzu wouma

duck(s): (a)bakha

duiker(s), a type of small antelope: gwape (agwape)

dust (i.e. dirt): fumbi; **dust (i.e. to wipe) (v):** kupuputa

E

eagle i.e. fish-eagle: nkhwazi

ear (ears): khutu (makutu)

early, to wake up: kulawirira, e.g. **I woke up early today:** ndinalawilira lero

early: mwamsanga, e.g. **arrive early:** mubwere mwamsanga

earth: dziko la pansi (i.e. the world); dothi (i.e. soil)

east: kummawa; kumvuma (less common)

eat (v): kudya; **eat (command):**idya (sing.); idyani (pl.)

edge: mphepete

egg (eggs): dzira (mazira)

egg plant(s): (ma)biringanya

elephant(s): njovu (singular and plural)

embarrassment (adj): manyazi / kuyaluka

enemy (enemies): mdani (adani)

England: Mangalande

English (the language): Chizungu

enjoy i.e. to enjoy oneself: kusangalala

enough: -kwana / -kwanira (also, to amount to), e.g. **the money is enough:** ndalama zakwana; **that's enough:** zakwana; **enough time:** nthawi yokwana/yokwanira

enter (v): kulowa

escape (v): kupulumuka

especially: makamaka

evening: madzulo

every: ili -onse, e.g. **every cup:** kapu ili yonse

everyone: aliyense; **everything:** chili chonse

everywhere: kulikonse, kwina kulikonse, e.g. **I have looked everywhere:** ndayangana kwina kulikonse

evil / bad: -ipa, e.g. **bad things:** zoipa; **bad thing:** choipa

exaggerate (v): kuonjeza

exceed (v): kuposa; kupitilira

excel (v): kupambana

excessively: udyo; mowonjeza

exchange (v): kusinthana

excuse me: odi

exit: potulukira

expect /wait for (v): kuyembekezera

expensive: -dula, e.g. **it's expensive:** ndichodula; **they're expensive:** ndizodula

expert(s): (a)katswiri

explain (v): kufotokoza, kulongosola

eye (eyes): diso (maso)

F

face (faces): nkhope (singular and plural), e.g. **my face:** nkhope yanga; **their faces:** nkhope zawo

fail (v): kulephera (slang: kupala)

faint (v): kukomoka

faithful / loyal (adj): wokhulupirika e.g. **he/she is faithful:** ndi wokhulupirika

fall (v): kugwa

family / marriage: banja; used differently to the English word e.g. a child would not say banja langa (my family) because the phrase refers to a marriage setting; so what would a child say for 'my family'?They wouldn't. They might say, **my parents:** makolo anga *or* **the people of my house:** anthu akwathu

far: kutali

farm (v): kuweta (for livestock); kulima (for vegetables). In Chichewa you would say 'amaweta ng'ombe' which literally translates to 'he farms cows' but is better translated as 'he keeps cows on his farm'.

farm (farms): munda (minda)

farmer (farmers): mlimi (alimi)

fast: mwamsanga; **he was driving fast:** amathamanga

fasten (v): kumanga

fat / oil: mafuta

fat (adj): wonenepa; -nenepa, e.g. **a fat man:** mwamuna wonenepa

father: bambo, e.g. **my father:** bambo anga

Father (i.e. God): Atate

father-in-law: apongozi (aamuna)

favour i.e. can you do <u>me</u> a favour? mutha ku<u>ndi</u>pangira chinthu? (i.e. can you do something for me); **favoured:** wokonderedwa

fear (v): kuopa

February: Febuwale

feel (v): kumva (kumva also means 'to hear' and 'to listen' depending on the context, so 'I feel cold' is ndikumva kuzizira. 'I am hearing' *or* 'I hear' is ndikumva)

female: -mkazi, e.g. **a female cat:** mphaka wamkazi

fence(s): mpanda; fensi (mipanda; mafensi)

ferocity: ukali

fetch (v): kutenga

fever: thupi likuthentha (literally, the body is hot)

few: -chepa, **a few:** -ngapo, e.g. **there are few people at the wedding:** kuli anthu ochepa ku chikwati; **a few weeks ago:** sabata zingapo zapitazo; **a few kilometres:** makilomita angapo; makilomita ochepa

fierce: -ukali e.g. **this dog is fierce:** galu uyu ndi waukali

fight (n): ndewu

fight (v): kumenyana

fill (v): kudzadzitsa

finally: kotsirizira (from **to finish:** kutsiriza)

find (v): kupeza; **find out / investigate (v):** kufufuza

finger(s): chala (zala)

fingernail (fingernails): chikhadabo (zikhadabo)

finish (v): kumaliza; kutsiriza, e.g. **I haven't finished:** sindinamalize

fire(s): moto (singular and plural)

fire a gun (v): kuombera

firm / hard: -limba, e.g. **the porridge has firmed up / hardened:** phala lalimba; **firm nsima:** nsima yolimba

first: -yamba e.g. **I am the first born:** Ndine woyamba kubadwa

fish (v): kuwedza

fish: nsomba (singular and plural)

fish-eagle: nkhwazi

fishmonger: wogulitsa nsomba (literally, seller of fish)

fit (v): kukwana, e.g. **it doesn't fit:** sichikukwana

fix (v): kukonza

flee (v): kuthawa

flight: no exact word; you'd use the word 'ndege', plane

flour (especially flour for nsima): ufa

flower (flowers): duwa (maluwa)

flu / cold: chimfine

fly (n) (as in 'housefly'): ntchentche

fly (v): kuuluka

fold (v): kupinda

follow (v): kutsatira, kulondola, kutsata

food: chakudya (sing.) zakudya (pl.)

foolish (adj): wopusa

foot (feet): phazi (mapazi)

football (footballs): mpira (mipira); also just means 'ball'

force (v): kukakamiza, e.g. **he/she forced me:** anandikakamiza

foreigner (foreigners): mlendo (alendo), literally, guest; mzungu (azungu), literally white person

forest: nkhalango

forever: mpaka muyaya

forget (v): kuyiwala

forgive (v): kukhululukira

fork(s): (ma)foloko

forwards: mtsogolo

found, i.e. to be found: kupezeka, e.g. **can a tomato seller be found in this market?** Wogulitsa matimati amapezeka mu msika uno?

France: Faransa

freedom: ufulu

frequently: pafupipafupi

fresh *or* **raw:** -wisi, e.g. **a raw mango:** mango aawisi; **raw things:** zinthu zaziwisi

Friday: Lachisanu; Flaide

fridge(s): (ma)firiji

friend: bwenzi, e.g. **my friend:** bwenzi langa; mnzanga; see Lesson 13 on 'Friends', it is not as simple as in English

frighten *or* **scare (v):** kuopsetsa

frog (frogs): chule (achule)

from: kuchokera ku

front: -tsogolo, e.g. **it's in front:** chili kutsogolo; **front seat:** mpando wakutsogolo; **walk in front of me:** yenda kutsogolo kwanga

fruit (fruits): chipatso (zipatso)

fry (v): kukazinga

frying pan(s): (ma)selempani; (ma)felempani

fuel: mafuta (literally, oil)

full i.e. having eaten enough: kukhuta e.g. **I am full:** ndakhuta

full i.e. the opposite of empty: -dzadza, e.g. **the cup is full:** kapu yadzadza

future: kutsogolo; mtsogolo (actually means 'in front' but in the appropriate context will mean future e.g. **I'll buy a car in the future:** ndidzagula galimoto kutsogolo)

G

games / sports: masewero, masewero is often used in the singular sense e.g. **football game:** masewero a mpira

gap: mpata (also means chance or opportunity), e.g. **you left a gap in the fence:** mwasiya mpata mu fensi

garden: gadeni; munda (actually means farm)

gardener: gadeni boyi (they are usually male!)

gate: geti; khomo la mpanda

gather (i.e. to appear): zikuoneka kuti e.g. **I gather he's passed away:** zikuoneka kuti wamwalira

gather i.e. meet up (v): kusonkhana

generous (adj): wopatsa

gentleman (gentlemen): bambo (azibambo)

gently: modekha; bwinobwino (depends on context)

Germany: Jeremani

get (v): kutenga; kupeza

gift(s): mphatso (singular and plural)

give (v): kupatsa, kupereka

glad, be (v): kukondwa; kusangalala, e.g. **I'm glad you**

have come: ndakondwa kuti mwabwera

glass: galasi; **glass(es) for drinking:** (ma)tambula

go (v): kupita; **go ahead:** kutsogola, e.g **you go ahead, I'll catch you up:** tsogola ndikupeza

go out (v): kutuluka, e.g. **I am going out:** ndikutuluka *or* ndikuchoka

go round (v): kuzungulira

goal (goals): chigoli (zigoli)

goat (goats): mbuzi (singular and plural)

God: Mulungu

good morning: mwadzuka bwanji?; moni (literally, hello)

good: -bwino, e.g. **good people:** anthu abwino

goodbye: zikomo ndapita (literally, thanks I'm off); pitani bwino (literally, go well)

grandma / grandpa: agogo, anganga

grass: udzu (sing.), maudzu (pl.); usually used as singular

great / big / old: -kulu

green beans: zitheba

green vegetables: masamba

green: -biriwira e.g. **I will wear green shoes:** ndivala nsapato zobiriwira

greetings: moni

grind (v): kugaya

gristle: mang'ina (it's a delicacy in Malawi)

groan (v): kubuula

ground: pansi, bwalo, e.g. **football ground:** bwalo la mpira; **you will sleep on the ground:** ugona pansi

groundnuts: mtedza

group (n): gulu, e.g. **group of people:** gulu la anthu

grow (v): kukula

grumble (v): kunyinyirika

guard (v): kulonda, e.g. **he is guarding:** akulonda; **he guards:** amalonda

guard (guards) (n): mlonda (alonda) - use the plural to show respect if you are calling the guard!

guest (guests): mlendo (alendo)

guide someone/something (v): kulondoloza

guide: wotilondolera (literally, someone to guide us)

gun (guns): mfuti (singular and plural)

H

hair: tsitsi e.g. **his/her hair:** tsitsi lake

hammer (hammers): hamala (mahama); nyundo is the proper word but many won't even know this

hand (hands): dzanja (manja)

handbag (handbags): chikwama cha m'manja (zikwama za m'manja)

handsome: wowoneka bwino (good-looking); wokongola (beautiful)

hang (v): kupachika

happen (v): kuchitika

happy, be (adj): kusangalala; kukondwa, e.g. **I'm happy you have come:** ndasangalala kuti mwabwera

hard / difficult: -vuta, e.g. **life is hard:** moyo ndi wovuta

hard (adj): -olimba, -limba, e.g. **the porridge has hardened:** phala lalimba

hard (adv): mphamvu (also means strength), e.g. **he pushed me hard/with force:** anandikankha mwamphamvu

hardworking (adj): wolimbikira

hare(s): (a)kalulu

harvest (v): kukolola

hat (hats): chipewa (zipewa)

have (v): kukhala ndi; see Lesson 27, e.g. **to have a house:** kukhala ndi nyumba; **I have a car:** ndili ndi galimoto; **have to:** kuyenera, e.g. **I have to go home first:** ndiyenera kupita kunyumba kaye

head (heads): mutu (mitu)

heal (v): kupola

heap: mulu

hear (v): kumva

heart (hearts): mtima (mitima)

heat (n): -tenthetsa

heat (v): kutenthetsa, e.g. **have you heated the food?** watenthetsa chakudya?

heaven: kumwamba

heavy, be (adj): kulemera (also means 'to be/get rich'), e.g. **ndikulemera:** I am getting rich!

hello / hi: moni

help (n): chithandizo, e.g. **I received no help:** sindinalandire chithandizo

help (v): kuthandiza

herd (herds): msambi (misambi)

here: pano; kuno (where we are); apa (a nearby place, a place you could point to, e.g. **I'll get out here:** nditsika apa

hide (n), as in animal hide: chikopa, e.g. **cow's hide:** chikopa cha ng'ombe

hide (oneself) (v): kubisala

hide something (v): kubisa

hill (hills): phiri (mapiri)

hinder (v): kulepheretsa

hippo: mvuu

hit someone (v): kumenya

hit something *or* be hit by something (v): kugunda

HIV: kachilombo ka Edzi (the little beast of AIDS)

hold (v): kugwira

Holy Mary: Maria Oyera

Holy Spirit: Mzimu Oyera

home: nyumba (also means 'house'); pakhomo, e.g. **go home:** pita kunymba

homework: homu weki

honesty: chilungamo

hospital (hospital): chipatala (zipatala)

hot (be hot / feel hot): -tentha e.g. **I feel hot:** ndikumva kutentha; **hot water:** madzi otentha

hot-tempered: wokula mtima

hour(s): ola (maola)

house: nyumba, e.g. **my house:** nyumba yanga

how many? -ngati, e.g. **how many 'things'?** zinthu zingati? **how many people?** anthu angati?

how much (money)? ndalama zingati?

how? / how come? bwanji?

howl (v): kubuula; kufuula; kukuwa

hunger: njala

hunt / look for (v): kusaka

hurry up / rush (v): kufulumira; kuchita/kupanga changu, e.g. **hurry up:** panga changu

hurt, to get hurt: kupweteka kuwawa, e.g. **I am hurt:** ndapweteka; **my head hurts:** mutu ukuwawa

husband: mwamuna/amuna + possessive pronoun, e.g. **my**

husband: amuna anga (mwamuna/amuna on its own just means man/men); see Lesson 12

hyena (hyenas): fisi (afisi)

I

if: -ka- (also means 'when'), ngati (less common), e.g. **if you see my mother phone me:** mukawona mayi anga mundiyimbire foni; **if you (sing.) fail I won't be happy:** ukalephera sindisangalala

ill: kudwala (v); wodwala (adj)

illness: matenda

imitate (v): kutsanzira

important: -funika, -funikira e.g. **an important file:** failo yofunika; **an important thing:** chinthu chofunika; **an important message:** uthenga wofunikira

in: m'; mu-, e.g. **in the house:** munyumba; **in the mud:** m'matope; **in Lilongwe:** ku Lilongwe

inadequate, be: kuperewera, e.g. **the money was inadequate:** ndalama zinaperewera

indeed: ndithu

Indian (Asian): m'mwenye

infect one another with (v): kupatsirana

inflate (v): kupopa

inform (v): kudziwitsa

injured, be/get (v): kuvulaza

inquire (v): kufufuza

insolent / rude: chipongwe, e.g. **rude children:** ana achipongwe

instruct (v): kulangiza

intelligence: nzeru, e.g. **he/she is intelligent:** ndi wanzeru; he/she is not intelligent: alibe nzeru

intention: cholinga, e.g. **what was your intention?** cholinga chanu chinali chiyani?

intestines: matumbo

intrude / interrupt (v): kulowelera

Italy: Itale

itch / to feel itchy / cause itching (v): -yabwa; kumva kuyabwa, e.g. **grass that causes itching:** udzu woyabwa

J

jacket(s), casual: (ma)sikumba (windjacket or anorak)

jacket(s), formal: (ma)jekete

jam: jamu

January: Januwale

jealousy: nsanje

Jesus: Yesu

Jew(s): Myuda (Ayuda)

job: ntchito (also means 'work')

join (v): kulumikiza (refers to joining two things together; i.e. it can't be used to translate 'I'll join you later')

join i.e. meet with (v): kukumana, e.g. **I'll join you later:** ndikumana nawe nthawi ina

joke(s) (n): nthabwala (singular and plural)

journalist(s): mtolankhani (atolankhani); literally, story pick-upper

journey(s): ulendo (maulendo)

joy: chimwemwe; kusangalala

July: Julaye

just: -ngo-, kumene, e.g. **you should just come back:** mungobwerera; **I'll just finish:** ndingomaliza; **I'm just thinking:** ndikungoganiza

jump (v): kulumpha; kudumpha

jumper(s) / jersey(s): (ma)juzi

June: Juni

K

keep (v): kusunga

key(s): (ma)kiyi, e.g. **my key:** kiyi wanga

kick (v): kumenya (same word as 'to hit')

kidney(s): impso (singular and plural)

kill (v): kupha, e.g. **I will kill the chicken:** ndipha nkhukuyo

kindness: chifundo, e.g. **he is kind:** ndi wa chifundo

king (kings): mfumu (mafumu)

kingdom: ufumu

kiss (v): -psopsona, kupsopsonana; kudya milomo (literally, to eat lips); **they are kissing:** akupsopsonana

kitchen: khitchini

kneel (v): kugwada

knee (knees): bondo (mawondo)

knife (knives): mpeni (mipeni)

knock down (v): kugwetsa

knock on something (v): kugogoda, e.g. **knock on the door:** gogoda chitseko or you can simply instruct 'gogoda' (sing.) as you point towards the door

knot: mfundo (singular and plural)

know (v): kudziwa, e.g. **I know:** ndikudziwa

L

labourer / worker: wantchito

lack (v): kusowa

lady (ladies): mayi; mzimayi (amayi; azimayi)

lake: nyanja (singular and plural)

lamb / sheep: nkhosa (singular and plural)

lame / disabled: -punduka, e.g. **he/she is lame:** ndi wopunduka

land (n): dziko, e.g. **Malawi is a land of poor people:** Malawi ndi dziko la anthu osauka

land (v): kutera, e.g. **we landed early:** tinatera mwamsanga

large / big: -kulu, e.g. **it's big:** ndi chachikulu; **a large dog:** galu wamkulu

last (adv): -tsirizira, e.g. **I'm the last born:** ndine wotsiriza

late, be (v): kuchedwa

later: nthawi ina

laugh (v): kuseka (don't confuse with kutseka, to shut)

lawyer (laywers): loya (maloya)

lay (v) e.g. a table or a bed: kuyala

laziness: ulesi

lazy: waulesi

lead (v): kutsogolera; kulondolera

leaf (leaves): tsamba (masamba)

leak (v): kudontha

learn (v): kuphunzira

leave i.e. go away (v): kuchoka

leave something/someone (v): kusiya, e.g. **they left me at home:** anandisiya ku nyumba

left: manzere, e.g. **left hand:** dzanja la manzere

leg (legs): mwendo (miyendo)

lemon (lemons): ndimu (mandimu)

lend (v): kubwereka

leopard(s): (a)nyalugwe; (a)kambuku

letter(s): (ma)kalata; **letters of the alphabet:** malembo

lettuce: letesi

lick (v): kunyambita

lid (lids): chivundikiro (zivundikiro)

lie (v): kunama

lie down (v): kugona

lie to (v): kunamiza; kunyenga

lie (lies): bodza (mabodza)

life: moyo

lift up / carry (v): kunyamula

light (i.e. not heavy): -pepuka, e.g. **this bag is light:** thumba ili ndi lopepuka

light(s) (n): (ma)getsi

light (v): kuyatsa

like (v): kukonda

like this: chonchi, e.g. **do it like this:** udzipanga chonchi

line (lines): mzere (mizere)

lion (lions): mkango (mikango)

lip (lips): mlomo (milomo)

listen (command): tamvani; imvani

little (adj): -chepa; -ng'ono, e.g. **a little water:** madzi ochepa; **a small child:** mwana wamng'ono; **a little (adverb):** pang'ono

live (v): kukhala

live: -moyo, e.g. **live chickens:** nkhuku zamoyo

liver (livers): chiwindi (ziwindi)

lizard(s): (a)buluzi

lock(s) (n): (ma)loko

lock (v): kukiya

long (way away): kutali; -tali; **he lives a long way away:** amakhala kutali; **a long way from the market:** kutali ndi msika; **it's a long way away:** ndi kutali; ndi mtunda wawutali; **long piece of string:** chingwe chachitali

look (for) (v): kuyang'ana

look after (v): kuyang'anira; kusamala

look like (v): kufanana ndi

loosen (v): kumasula

lose something (v): kusowetsa

lost (v): kusowa, kusokera

love (v): kukonda

love: chikondi

lover(s) / girlfriend(s) / boyfriend(s): chibwenzi (zibwenzi)

loyal (adj): wokhulupirika

loyalty: chikhulupiliro

luck: Chichewa has a different word for bad luck versus good luck; **bad luck:** tsoka; **unlucky:** -tsoka e.g. **I am very unlucky:** ndine wa tsoka; **good luck:** mwayi; **lucky:** -mwayi, e.g. **I am lucky:** ndine wa mwayi

luggage: katundu

lungs: mapapo

M

madam: mayi (also means 'mother')

maize: chimanga

make (v): kuchita; kupanga

make noise (v): kusokosa; kupanga phokoso

malaria: malungo

malice / malicious: chiwembu / -chiwembu, e.g. **malicious people:** anthu achiwembu

man (men): bambo; mwamuna (azibambo; amuna)

manage (v): kukwanitsa

mango(es): bango (mango); mango is singular or plural, but bango is singular only.

manners: khalidwe (also means behaviour), e.g. **he/she has no manners:** alibe khalidwe

many / a lot: -mbiri, e.g. **many people:** anthu ambiri

March: Malichi

margarine: majarini

market(s): msika (misika)

marriage(s): (ma)banja

married: wokwatira (man); wokwatiwa (woman)

marry (v): kukwatira; kukwatiwa

marshy place(s): (ma)dambo

masked dance: gule wamkulu (literally translates to big dance); as you drive through Malawi you might come across traditional dancers in masks and sometimes on stilts; superstitious people advise not to look at them for too long and certainly don't speak to them! Gule wamkulu can refer to the characters themselves as well as the actual dance.

master: bwana

masturbate (v): kubunyula

mat (mats): mkeka; mphasa, (mikeka; mphasa) (mkeka is a thin mat made of palm leaves, but mphasa is a thick mat made of split reeds, used as a bed)

matched *or* **equal:** -lingana, e.g. **we are not equally intelligent:** nzeru zathu si zolingana

mattress: matiresi

May: Meyi

maybe: mwina

meat: nyama

measure (v): kuyeza

medicine: mankhwala

meek: wofatsa

meet (v): kukumana

melt (v): kusungunula e.g. **I am melting the butter:** ndikusungunula bata

melt: kusungunuka, e.g. **the chocolate is melting:** chokoleti chikusungunuka

mend / fix / repair / prepare (v): kukonza

menstruate (v): kusamba (also means 'to bath')

mercy: chifundo

message: uthenga, e.g. **send a message:** tumizani uthenga

messenger: mtumiki; mesenjala (mtumiki would generally be used in a religious context)

middle: pakati (also means between)

milk: mkaka

minibus(es): (ma)minibasi

minute(s): (ma)miniti; mphindi

misfortune: tsoka

miss (v): kuphonya; kumisa (Chichewanized), e.g. **I missed the bus:** ndinamisa basi; **the bullet just missed him:**

chipolopolo chinangomuphonya

miss school (v): kujomba

mix (v): kusakaniza

Monday: Lolemba; Mande

money: ndalama e.g. **my money:** ndalama zanga

monkey(s): (a)nyani; (a)pusi

month (months): mwezi (miyezi); mwezi also means moon

monument: chikumbutso

moon: mwezi (also means month)

mop (v): kukolopa

more: -ina; ena e.g. **bring more chairs:** bweretsa mipando ina; **more people will come:** kubwera anthu ena; **more tea:** tiyi wina;

more than: -pitirira, -posa e.g. **he collected more than MWK20,000:** anasonkha ndalama zopitirira MWK20,000; **more money than you:** ndalama zambiri kuposa inu

morning: m'mawa; **tomorrow morning:** mawa m'mawa; **Saturday morning:** Loweruka m'mawa

mosquito(es): udzudzu (singular and plural)

mosquito net: mosikito neti

most: if you want to say 'most' you have to say 'very', e.g. **the most clever (i.e. cleverest) child in the class:** mwana wanzeru kwambiri m'kalasi yonse

mother: mayi

mother-in-law: apongozi

mountain (mountains): phiri (mapiri)

mouse (mice): mbewa (both singular and plural)

mouth: pakamwa; kukamwa, e.g. **I have a sore on my mouth:** ndili ndi bala pakamwa; **he punched me on my mouth:** anandimenya khofi kukamwa

move (v): kusuntha; kusendeza

move home (v): kusamuka

much / a lot: -mbiri; -chuluka, e.g. **my back hurts a lot:** msana wanga ukupweteka kwambiri; **there is a lot of sugar in this tea:** shuga wachuluka mu tiyi uyu

mud: matope

mum: mami; amayi

N

nail(s) (as in fingernails): chikhadabo (zikhadabo)

nail(s) i.e. metal object: msomali (misomali)

naked (v): kukhala maliseche, e.g. **he/she was naked:** anali maliseche

name i.e. give the name of (v): kutchula, e.g. **give the name of the person who was making a noise:** tchula amene amapanga phokoso

name (names): dzina (mayina)

nappy (nappies): thewera (matewera)

near: pafupi

necessary: -ofunika; -funikira, e.g. **it is necessary:** ndi chofunikira

neck (necks): khosi (makosi)

need (v): no exact word, use to want: kufuna

needle(s): (ma)singano

net: neti; ukonde; masikito

new: -nyuwani, e.g. **a new dress:** diresi lanyuwani

never: 'sindina....po', e.g. **I have never danced before:** sindinavinepo; **I have never eaten meat:** sindinadyepo nyama

nice: -bwino, e.g. **he/she is nice:** ndi wabwino

night: usiku

no: ayi; iyayi

noise: phokoso

noisy: -phokoso, e.g. **it's noisy here:** kuli phokoso lambiri kuno

non-stop: mopitiriza; mosaleka; kwambiri (a lot)

north: mpoto

nose: mphuno

not: si-; -sa- (always followed by some form of a verb) e.g. **do not go:** osapita; **I do not eat pork:** sindidya nkhumba

nothing: palibe; mulibe, e.g. **there is nothing in the fridge:** mulibe chili chonse mu firiji

November: Novembala

now: tsopano

number: namba

nurse(s): (ma)nesi; anesi (sing.) is more respectful

O

obey (v): kumvera

occupation: ntchito, e.g. **what is your occupation?** umagwira ntchito yanji?

ocean: nyanja yamchere (literally 'lake of salt')

October: Okutobala

offender: munthu omwe walakwa (literally, the person who has done wrong)

offensive / rude: -chipongwe

office job: ntchito yamu ofesi

often: kawirikawiri

oil: mafuta

okay: chabwino

okra: therere

old man/woman: nkhalamba

old, to be/grow old (v): kukalamba

on top (of): pamwamba (pa)

on/around the sides: mbalimbali

on: pa

once: kamodzi

one: -modzi, e.g. **he has one leg:** ali ndi mwendo umodzi; **one thing:** chinthu chimodzi; **one person:** munthu mmodzi; see Lesson 8 (Numbers)

onion(s): anyezi (singular and plural)

only: yokhayo (sing.); chokhacho (sing.); zokhazo (pl.), e.g. **is that the only dress you have?** uli ndi diresi lokhayo? **is that the only food you will eat?** udya chakudya chokhacho? **is that the only money we have?** tili ndi ndalama zokhazo?

open (v): kutsegula; kutsekuka (depends on context, not interchangeable), e.g. **open the door:** tsegula chitseko; **it is not opening:** sichikutsekuka

opportunity: mpata, e.g. **give me an opportunity to speak:** mundipatse mpata woyankula

or: kapena, e.g. **do you want tea or coffee?** mukufuna tiyi kapena khofi?

orange (colour): olenji

orange(s) (fruit): (ma)lalanje

other: -ina; ena (depends on context, not interchangeable), e.g. **other times:** nthawi zina; **other people:** anthu ena

ouch: mayo; mayine

ought: kuyenera e.g. **you ought to have two school uniforms:** ukuyenera kukhala ndi ma unifomu awiri

outside: kunja

oven(s): uvuni (ma uvuni)

over / on top of: pamwamba pa

over here: apapa

over there: apopo

overseas: kunja

owner(s): mwini (eni), e.g. **owner of the house:** mwini nyumba

ox-cart(s): ngolo (singular and plural)

P

pack (v): kulongedza

page: peji

pain: ululu

painting (paintings): chithunzi (zithunzi, zojambula)

pants i.e. underwear: panti, e.g. . **her pants:** panti wake

papaya(s): (ma)papaya

paper(s): (ma)pepala

park: paki

part (n): gawo, e.g. **this part is yours:** gawo ili ndi yako; **part (v):** kulekana, e.g. **we parted ways a long time ago:** tinalekana kalekale; **part** *or* **break up (v):** kusiyana (ideal in the context of a relationship)

party (parties): phwando (maphwando)

pass (an exam) (v): kukhoza

pass (v): kudutsa

patch(es) (of cloth): chigamba (zigamba)

path(s): njira (singular and plural)

pauper: mmphawi

pay (for) (v): kulipira

payment(s): malipiro (singular and plural)

peace: mtendere

peas: nsawawa

pedal (v): kupalasa

peel (v): kusenda

peel off (v): kumatula

peep (v): kusuzumira

pen (pens): cholembera (zolembera)

pencil(s): (ma)pensulo

penis: maliseche a mwamuna (literally, the nakedness of a man); chokodzera (literally, the thing for urinating with)

pepper(s) / chilli(s): tsabola

perhaps: mwina; kapena

person (people): munthu (anthu)

petticoat(s): (ma)pitikoti

phone someone (v): kuyimbira

pick up (v): kutola

picture (pictures): chithunzi (zithunzi)

pierce (as in 'make a hole in') (v): kuboola

pierce (as in with a needle/syringe) (v): kubaya

pig(s): nkhumba (singular and plural)

pigeon(s): nkhunda (singular and plural)

piggyback i.e. to give a piggyback to (v): kubereka

pillar (pillars): chipilala (zipilala)

pineapple: chinanazi; nanazi

pink: pinki

pit (pits): dzenje (maenje)

place (n): malo (singular and plural)

place (v): kuika

plaits: zingongo; single plaits: ma wani wani

plane (aeroplane): ndege

plant (v): kubzala

plate: mbale (singular and plural)

play (n): sewero, e.g. **there was a play on the radio:** panali sewero pa wailesi

play (v): kusewera

please (v): kukondweretsa

please: chonde (only used when begging); in Chichewa asking a question implicitly assumes the word 'please'. You use the plural version of a word to be polite e.g. when you are speaking to older people.

pleased (adj): -kondwa, e.g. **I am pleased:** ndakondwa

pleasing/fun (v): kubeba (slang), e.g. **has the party started getting fun?** phwando layamba kubeba?

pluck feathers (v): kusosola

point towards (show) (v): kusonyeza

poison: poyizoni

poke / prod (v): kutosa, e.g. **he poked me with his finger:** ananditosa ndi chala

police station: kupolisi

policeman/woman: wapolisi (sing.) apolisi (pl.)

pond(s): chitsime (zitsime), dziwe, e.g. dziwe la nkhalamba is a pond on Mulanje mountain. It translates to 'pond of the old woman' so called because the ghost of an old woman used to be witnessed there…spooky!

poo / defecate / shit (v): kunyela (very crude), kubiba (much less crude); common euphemism for a villager: kupita ku thengo (to go to the bush)

poo: bibi; manyi (manyi is used more for animal dung)

poor (adj): - sauka, e.g. **they are poor:** ndi osauka

porridge: phala

porter: wonyamula katundu (literally, carrier of luggage)

possible, (be): -theka, e.g. **it's possible:** ndi zotheka

pot(s): (ma)poto

potato(es): mbatatesi; **sweet potato(es):** mbatata (both are singular and plural)

pound (v) e.g. if pounding maize: kusinja

pour (v): kuthira

poverty: umphawi

power / strength: mphamvu

praise (v): kutamanda

pray (v): kupemphera

prayer(s): (ma)pemphero

pregnant, be: kukhala ndi mimba / pakati, e.g. ali ndi mimba *or* ali ndi pakati

prepare (v): kukonza

press / push (v): kupanikiza

pretend (v): kunamizira

prevent (v): kulepheretsa

price (prices): mtengo (mitengo)

pride: dama

private parts: maliseche

promise (v): kulonjeza

propose marriage/ask out (v): kufunsira

protect (v): kuteteza

protect oneself (v): kudziteteza

provoke (v): kuputa, e.g. **he/she provoked me:** anandiputa

pull (v): kukoka

pump up / inflate (v): kupopa

pumpkin(s): dzungu (maungu)

punish (v): kupereka chibalo; kupereka chilango

punished, be (v): kulangidwa

punishment: chibalo; chilango

purpose, on: dala, e.g. **he/she did it on purpose:** anapanga dala

pus: mafinya

push (v): kukankha

put (v): kuika

put on clothes (v): kuvala

Q

question / ask (v): kufunsa

question(s) (n): (ma)funso

quickly: msanga

quiet (v): kukhala chete

R

rabbit(s): (a)kalulu

radio(s): (ma)wailesi

rain: mvula

raise / put higher (v): kukweza

rape (v): kugwirira

rat (rats): khoswe (makoswe)

razor (razors): lezala (malezala)

read (v): kuwerenga

ready, be/get (v): kukonzeka

real: -eni -eni, e.g. **is that a real gun?** ndi mfuti yeni yeni?

realise (v): kuzindikira; **realise late:** kuzindikira mochedwa, e.g. **I realised too late:** ndinazindikira mochedwa

reason: chifukwa, e.g. **what's the reason? i.e. why?** chifukwa chiyani?

receive (v): kulandira

recognize (v): kuzindikira

recover from illness (v): kuchira

red: -fiira, e.g. **red cup:** kapu yofiira

reduce (a price) (v): kuchotsera *or* kutsitsa (mtengo)

refuse (v): kukana

regret (v): kuchimina; kuchilapa

regularly: pafupipafupi

relative(s): m'bale (achibale)

relish: ndiwo (i.e. meat, veg, etc.), always plural in Chichewa

remain/stay (v): kukhala; kutsala

remember (v): kukumbukira

remind (v): kukumbutsa

remind each other (v): kukumbutsana

repair (v): kukonza

repeat (v): kubwereza

repent / confess (v): kulapa

reply (v): kuyankha

report (v): kunena

reprimand (v): kulanga

rescue (v): kuombola; kupulumutsa

reserved i.e. shy, quiet, introverted (adj): wofatsa

rest (v): kupuma; kupumula (so, the luxury lakeside resort 'Pumulani' literally translates as 'rest')

return (to a place) (v): kubwerera; **return (to send back):** kubweza, e.g. **they sent me back from school because I don't have a uniform:** andibweza ku sikulu chifukwa ndilibe unifomu

reveal (v): kuulula

rhino (rhinos): chipembere (zipembere)

ribs: nthiti (singular and plural)

rice: mpunga

rich (adj): wolemera

rifle(s) / gun(s): mfuti (singular and plural)

right (i.e. on the right): kumanja

ring (n): mphete

rinse / wash away (v): kutsukuluza

ripe, become (adj): kupsa (note pronunciation on audiobook, koop-ya), e.g. **ripe bananas:** nthochi zakupsa

rise (v): kudzuka

river (rivers): mtsinje (mitsinje)

road (roads): msewu (misewu)

rob someone (v): kubera; **he robbed <u>me</u>:** ana<u>ndi</u>bera

room (rooms): chipinda (zipinda)

rope (ropes): chingwe (zingwe), also means string

rude/offensive: -chipongwe, e.g. **she's rude:** ndi wachipongwe

rudeness: chipongwe; mwano

rule (v): kulamula

rule(s): lamulo (malamulo)

run _or_ drive fast (v): kuthamanga

run away (v): kuthawa

run out of: kuthera; kutha, e.g. **we have run out of water:** madzi atithera

S

sad (adj): wokhumudwa

salary: malipiro

saliva / spit: mate

salt: mchere

same, to be the same / match (v): kukhala chimodzimodzi

sand: mchenga

satisfied (adj): kukhutitsidwa; , e.g. **I am satisfied:** ndakhutitsidwa; **he's never satisfied:** sakhutitsidwa

Saturday: Loweruka; Satade

saucer(s): (ma)sosala

sausage(s): (ma)soseji

save (from something) (v): kupulumutsa

save money (v): kusunga ndalama

say (v): kunena

scary (adj): kuopsa e.g. **a scary dog:** galu woopsa

school: sukulu (singular and plural)

score a goal (v): kugoletsa

scorn (v): kunyoza

Scotland: Sikotilandi

scrape (v): kupala

scratch (v): kukanda

scream (v): kukuwa; kufuula

season / time: nthawi, e.g. **the rainy season:** nthawi ya mvula

see (v): kuona

seize (v): kulanda

sell (v): kugulitsa

send (v): kutumiza; kutuma, e.g. **send a message:** tumizani uthenga; **send a worker:** tumizani wantchito

send back (v): kubweza

sense: zomveka

September: Seputembala

servant (servants): wantchito (antchito)

serve food (v): kugawa chakudya

sew (v): kusoka

sex (v): kuchindana (very crude), kugonana (less crude; literally, to sleep with each other), kunyengana (even less crude; literally, to cheat each other); of the many euphemisms you might also hear kukwerana (literally, to climb on each other) or chigololo

shade (as shade from the sun): mthunzi, e.g. **sit in the shade:** khala pa mthunzi

shake (v): kugwedeza

share / divide (v): kugawa; kugawira

shave (v): kumeta

sheep/lamb: nkhosa (singular and plural)

sheet – bed sheet (bed sheets): nsalu yofunda; shitibedi (nsalu zofunda; mashitibedi)

shirt(s): Malaya (singular and plural); (ma)shati

shit/poo (v): kunyera (very crude); kubiba (less crude)

shoes: nsapato (singular and plural); **high-heeled shoes:** gogoda

shoot (v): kuombera

short: -fupika, e.g. **the dress is short:** diresi yafupika; **a short dress:** diresi yaifupi

shorts: kabudula; : used in the singular in Chichewa, e.g. **his shorts:** kabudula wake

should/ought: see Lesson 25

shoulder(s): phewa (mapewa)

shout (v): kukuwa

shout at (v): kukalipa

show (v): kuonetsa; kusonyeza

show off (v): kunyada

shut (v): kutseka (don't confuse with kuseka, to laugh)

shyness: manyazi

sick (v): kudwala; e.g. **he is sick:** akudwala; **sick (adj):** wodwala

side: mbali (singular and plural)

sign (signs): chizindikiro (zizindikiro)

silent (adj): kukhala chete

sin(s): (ma)chimo

sing (v): kuyimba

sink: sinki

sister (sisters): chemwali / achemwali (respectful), (azichemwali)

sister-in-law: mlamu; alamu (more respectful), also means brother-in-law

sit down (v): kukhala

skin: khungu

skip an event (v): kujomba

skirt(s): (ma)siketi

sleep (v): kugona

slippers (flip-flops): silipasi (singular and plural)

slowly: pang'ono pang'ono

small: -chepa; -ng'ono, e.g. **it is too small:** chachepa; **a small child:** mwana wamng'ono

smear (v): kupaka

smell (noun): fungo

smell bad (v): kununkha

smell good (v): kununkhira (bwino)

smile (v): kusekelera; kumwetulira

smoke (noun): utsi

smoke (v): kusuta

smooth: -salala, e.g. **you have smooth skin:** uli ndi khungu losalala

snack: chakudya i.e. food

snake: njoka (singular and plural)

snore (v): kuliza mkonono

snot: mamina

so? and then? (i.e. what do you call this?): tsono?

sock(s): (ma)sokosi

soft: -fewa, e.g. **soft mango:** mango ofewa

soldier (soldiers): msilikali (asilikali)

some: (-)ina; ena (depending on context), e.g. **I want some more bags:** ndikufuna matumba ena; **some trees:** mitengo ina; **I want some more tea:** ndikufuna tiyi wina

someone: (munthu) wina wake

sometimes: nthawi zina

somewhere: pena pake; kwina kwake

son: mwana wamwamuna (literally, male child)

song *or* **hymn:** nyimbo (singular and plural)

soon: posachedwa

sore(s) / wound(s) / contusion(s): chilonda (zilonda); (ma)bala

sorry: pepa (sing.); pepani (pl.)

sound: phokoso (also means noise)

sour *or* **bitter, i.e. to taste sour/bitter (v):** kuwawa, e.g. **this mango is sour:** mango ili ikuwawa

south: kumwera

spaghetti: supageti

spare: -padera; **spare tyre:** tayala lapadera

speak (v): kulankhula

spectacles: (ma)galasi

spider *or* **spider's web:** kangaude

spill (v): kutayikira

spirit(s), (of the dead): mzimu (mizimu)

spit (v): kulavula

split/share (v): kugawa

spoil (v): kuononga

spoon(s): (ma)supuni

sprain (v): kubinya

spread /make (v): kuyala, e.g. **spread the mat on the floor:** yala mphasa pansi; **make the bed:** yala bedi

spread on (v) e.g. butter on bread: kupaka

squeeze (v): kufinya

stadium: sitediyamu

stand (v): kuima

star: nyenyezi (singular and plural)

start (v): kuyamba

start off (on a trip) (v): kunyamuka

stay/remain (v): kukhala; kutsala, e.g. **stay well:** tsalani bwino

steal (v): kuba; **steal from:** kubera (also means to cheat in an exam), e.g. **he stole your car:** anaba galimoto yanu

step on (v): kuponda

stick (v): kumata

stingy (adj): woumira, **to be stingy (v):** kuumira

stir (v): kutakasa

stomach: mimba

stop crying (v): kutonthola

stop doing something (v): kuleka

stop from (v): kuletsa, e.g. **they stopped me from going to school:** anandiletsa kupita ku sikulu

stop something/someone (v): kuyimitsa

store(s): (ma)sitolo

story: nkhani (singular and plural), refers to news story or something you just want to tell someone; **story (stories):** nthano (singular and plural); especially a proper story in a book, a myth or a legend - that type of story

straight, be: -ongoka; **straighten:** -ongola, e.g. **my finger has become straight:** chala changa cha wongoka; **straighten your leg:** wongola mwendo wako;

stream (streams): mtsinje (mitsinje)

strength: mphamvu (singular and plural)

string (strings): chingwe (zingwe)

strong, strength (adj.): -mphamvu, e.g. **he/she is strong:** ndi wamphamvu

study (v): kuwerenga (also means read)

style: sitayilo

suffer (v): kuzunzika

sugar: shuga

suit(s): (ma)suti

sun: dzuwa

Sunday: Lamulungu

support i.e. help (v): kuthandiza

surprised, be (adj): kudabwa

suspect (n): woganiziridwa

suspect (v): kuganizira

sweat (n): thukuta; **sweat (v):** kupanga thukuta, e.g. **I am sweating:** ndikupanga thukuta

sweater(s): (ma)juzi; (ma)suwetala

sweep (v): kusesa

sweet (adj): kutsekemera

sweet potato(es): mbatata; **potato(es):** mbatatesi (both are singular and plural)

swell (v): kutupa

swim (v): kusambira

switch off (v): kuzimitsa

syringe(s): (ma)singano

T

table(s): (ma)tebulo

tail(s): mchira (michira)

take (v): kutenga

take care / watch out (v): kusamala; **beware:** samalani
e.g. if you were crossing a river and wanted everyone to
watch their step, you would say samalani

talk (v): kulankhula

tall: -tali, e.g. **he's tall:** ndi wamtali; **it's a tall building:**
ndi nyumba yayitali

tap someone (v): kukodola

taste (v): kulawa

tasty / taste good (v): kukoma, e.g. **this food is very tasty:**
zakudyazi zikukoma kwambiri

taxi(s): (ma)takisi

tea: tiyi, e.g. **my tea:** tiyi wanga

teach (v): kuphunzitsa

teacher: mphunzitsi; aphunzitsi (pl. and more respectful)

telephone(s): (ma)telefoni; (ma)foni

tell (a person) (v): kuuza, e.g. **I'll tell him:** ndimuuza

tell the truth (v): kunena zoona

temptation: chinyengo (used in The Lord's Prayer)

textbook(s): (ma)buku

thanks: zikomo

that: icho (means 'that thing' e.g. if you were pointing at something); kuti, e.g. **I thought that...:** ndimaganiza kuti...

then / after that: kenako

there: apo; **put it there:** ika apo

thief (thieves): wakuba (akuba)

thigh(s): ntchafu (singular and plural)

thin: -wonda, e.g. **he/she is thin:** ndi wowonda

thing (things): chinthu (zinthu)

think (v): kuganiza; **think about (v):** kuganizira

thirst: ludzu

this: ichi

thought(s): ganizo (maganizo)

thousand: sauzande

three: -tatu, see Lesson 8 (Numbers)

throat: m'mero

throw (v): kuponya

throw away (v): kutaya

Thursday: Lachinayi

tickle (v): kugirigisha

tie (v): kumanga

tie something up (v): kumangilira

time: nthawi (singular and plural)

tired, be (adj): kutopa, e.g. **I am tired:** ndatopa

toaster: makina owotchera buledi (machine for roasting bread) / chowotchera buledi (the bread roaster)

today: lero

together: limodzi; pamodzi

toilet (toilets): toyileti; chimbudzi; (matoyileti; zimbudzi); **to go to the toilet (v):** kupita ku toyileti; common euphemism in villages: kupita ku thengo (to go to the bush)

tomato(es): tomato (matimati); tomato is also plural

tomorrow: mawa

tongue(s): (ma)lilime

tonight: usiku uno

too: -nso, e.g **me too:** inenso; **you too:** iwenso

tooth (teeth): dzino (mano)

top (as in 'on top'): pamwamba, e.g. **the phone is on top of the fridge:** foni ili pamwamba pa firiji

touch (v): kugwira; **don't touch!** osagwira! **touch lightly (v):** kukhudza

tow (v): no exact word, use kukoka, to pull

town(s): (ma)tauni

toy(s): chidole (zidole)

transport: thiransipoti

travel (v): kuyenda (also means to walk)

tree (trees): mtengo (mitengo)

trespasses: zochimwa

trip (as in 'a visit'): ulendo, e.g. **we took a trip to the village:** tinapita pa ulendo kumudzi

trouble someone (v): kuvutitsa; **trouble(s):** vuto (mavuto)

trousers: (ma)thalauza; (ma)buluku. Buluku and thalauza are usually treated as singular in Chichewa unlike in the English; **one pair of trousers:** thalauza imodzi; **two pairs**

of trousers: mathalauza awiri

trust (n): chikhulupiriro; **trust (v):** kukhulupirira

trustworthy: wokhulupirika; wodalilika, e.g. **he/she is trustworthy:** ndi wokhulupirika

truth: zoona

try (something) (v): kuyesa, e.g. **try this dress:** (ta)yesani dress iyi

Tuesday: Lachiwiri

tumbler(s) / glass(es) for drinking: (ma)tambula

turn around (v): kutembenuka; **turn right/left/here:** tembenuka ku manja / ku manzere / apa

turn into (v): kusanduka

turn off / switch off (v): kuzimitsa, kuthimitsa; **turn on/switch on (v):** kuyatsa;

turn someone/something (v): kutembenuza

twice: kawiri

twist (as in when braiding hair) (v): kupota; **twist (v):** kupotokola

two: -wiri, e.g. **two children:** ana awiri; **two beers:** mowa uwiri; **two houses:** nyumba ziwiri; see Lesson 8 (Numbers)

tyre(s): (ma)tayala

U

ugly: -nyasa, e.g. **an ugly dress:** diresi yonyasa; a milder way of putting it is **'not good looking':** wosaoneka bwino, e.g. **an ugly dress:** diresi losaoneka bwino

ululate (v): kululutira

umbrella(s): (ma) ambulera

uncle: ankolo (there are Chichewa words available for uncle but they vary according to whether it's the mother's brother (malume) or the father's brother (atsibweni); I wouldn't bother learning them)

uncover (a pot) (v): kuvundukula

under: pansi pa, e.g. **under the table:** pansi pa tebulo

understand (v): kumvetsa

undress (v): kuvula

unfortunate: -tsoka, e.g. **he's unfortunate:** ndi watsoka

unity: umodzi

unkind: -ipa, wouma mtima (literally, frozen-hearted), e.g. **he/she's unkind:** ndi woipa / ndi wouma mtima

untangle (v): kutambasula

untie (v): kumasula

until: mpaka

uphill: mtunda, e.g. **when we were going uphill:** tikukwera mtunda

urinate (v): kukodza; euphemism: kutaya madzi (literally, to throw water away)

urine: mkodzo

us: ifeyo; ife

use / make use of (v): kugwiritsa ntchito

useless thing: chinthu chopanda ntchito; **useless things:** zinthu zopanda ntchito; **useless:** wopanda pake, e.g. **a useless person:** munthu wopanda pake

usually: nthawi zambiri; kawirikawiri

V

vagina: maliseche a mkazi (literally, the nakedness of a woman); njira ya mkazi (literally, the passage of a woman)

valley: chigwa

vegetables: masamba

vein (veins): mtsempha (misempha)

veranda: khonde

village headman: (a)nyakwawa; **village headmen:** nyakwawa (zonse), literally, all the village headmen

village (villages): mudzi (midzi)

visible, be (adj): kuoneka

visit(v): kuona, to see e.g. **I am going to visit the doctor:** ndikukaona adokotala; **visit i.e. pass by:** kudzera

visit someone (v): kuyendera

visitor(s): mlendo (alendo); alendo is plural/respectful

voice(s): mawu (singular and plural)

vomit (v): kusanza

vomit: masanzo

W

wages: malipiro

waist: chiuno

wait (v): kudikira; kuyembekezera

wait for i.e. expect (v): kuyembekezera

wake up (v): kudzuka; **wake someone up:** kudzutsa

Wales: Welozi

walk (v): kuyenda

want (v): kufuna

warm / hot: -tentha e.g. **hot tea:** tiyi wotentha

warn (v): kuchenjeza

wash dishes (v): kutsuka

wash something (e.g. clothes, not dishes) (v): kuchapa

wash/bath (oneself) (v): kusamba; **wash one's hands:** kusamba m'manja

watch (v) e.g. **a football game or TV:** kuonera; **watch/guard (v):** kulonda

water (v): kuthira madzi; **water (n):** madzi

waves: mafunde

way: njira

weapon (weapons): chida, can also mean penis; (zida)

wear (v): kuvala e.g. **you should wear...:** uvale...

wedding dress: diresi la chikwati

wedding(s): chikwati; ukwati (zikwati)

Wednesday: Lachitatu

week(s): sabata; mulungu, (masabata; milungu)

well (as in okay/fine): bwino, e.g. **I am well:** ndili bwino

well (n): chitsime

west, in the: kuzambwe

wet, be (v): kunyowa, e.g. **I got wet:** ndinanyowa

what kind (of)? -otani? e.g. **what kind of dress will you wear?** uvala diresi lotani?

what? chiyani?

when? liti? (liti? really means 'what day) **what time?** nthawi yanji?

when: -ka- (also means 'if'), e.g. **when you arrive call me:** mukafika mundiimbira; see Lesson 23

where? kuti?

which? -ti? **which thing?** chiti? **which day?** tsiku liti?
which colour? mtundu uti?

while: use the present tense (Lesson 17), e.g. **I am eating:**
ndikudya; **while I was eating:** ndiKUdya

whisper (v): kunong'ona

whistle (the instrument): wezulo

whistle (the sound) (v): kuliza mluzi

white person (white people): mzungu (azungu)

white: -yera, e.g. **it's white:** ndi choyera

who? ndani?

whose? -yani, e.g. **whose dress is this?** diresi ino ndi la
ndani? **whose child is this?** mwanayu ndi wayani?

why? chifukwa chiyani?

wife: mkazi/akazi + possessive pronoun, e.g. **my wife:**
akazi anga (mkazi/akazi on its own just means
woman/women)

wild animals: nyama zakuthengo

win / pass (v): kupambana; kuchinya; **win a prize:** kupata
mphoto; **we won just before the match finished:**
tinachinya mpira utatsala pang'ono kutha

wind: mphepo; **it's windy:** kuli mphepo

wipe (v): kupukuta

with: ndi

without: popanda; -panda, e.g. **people without shoes:** anthu opanda nsapato

woman (women): mkazi (akazi); mzimayi (azimayi)

womb: chiberekero

wood, i.e. firewood: nkhuni; **a piece of firewood:** chikuni; **wood as a material:** mtengo (also means tree)

wood / forest: nkhalango

word(s): mawu (singular and plural)

work (v): kugwira ntchito; **work (n):** ntchito

work hard (v): kulimbikira

worker(s): wantchito (antchito)

worry (v): kudandaula

wound (wounds): chilonda (zilonda); (ma)bala

write (v): kulemba

wrong, do (v): kulakwa; **you've called the wrong number:** mwayimba namba yolakwa

X, Y, Z

yawn (v): kuyasamula

year (years): chaka (zaka)

yellow: chikasu

yes: eya; e; inde

yesterday: dzulo

you: iwe (sing.); inu, inuyo (pl.)

yourself: iweyo

zebra: mbidzi (singular and plural)

zigzag (v): kukhotakhota

Notes

Summary on conjugating verbs

To eat: kudya;

-dya is the permanent part of the verb. A prefix is added to the beginning of the word to change the person and tense:

Person	Present I am eating	Past I ate	Future I will eat
I	Ndiku-	Ndina-	Ndi-
You (sing.)	Uku-	Una-	U-
He/she/it	Aku-	Ana-	A-
We	Tiku-	Tina-	Ti-
You (pl.)	Muku-	Muna-	Mu-
They	Aku-	Ana-	A-

Person	Perfect I have eaten	Imperfect / Present habitual* I was eating / I live in...
I	Nda-	Ndima-
You (sing.)	Wa-	Uma-
He/she/it	Wa-	Ama-
We	Ta-	Tima-
You (pl.)	Mwa-	Muma-
They	A-	Ama-

See Lesson 20

Different future tenses

Person	I will come to eat I will eat (distant future)	I will go to eat
I	Ndidza-	Ndika-
You (sing.)	Udza-	Uka-
He/she/it	Adza-	Aka-
We	Tidza-	Tika-
You (pl.)	Mudza-	Muka-
They	Adza	Aka-

When tenses (when I eat...), -ka- can also mean 'if'

Person	Near future	Far future
I	Ndika-	Ndikadza-
You (sing.)	Uka-	Ukadza-
He/she/it	Aka-	Akadza-
We	Tika-	Tikadza-
You (pl.)	Muka-	Mukadza-
They	Aka-	Akadza-

Potential tense and subjunctive mood

Person	Potential tense I can eat...	Subjunctive I should eat
I	Ndingadye	Ndidye
You (sing.)	Ungadye	Udye
He/she/it	Angadye	Adye
We	Tingadye	Tidye
You (pl.)	Mungadye	Mudye
They	Angadye	Adye

References

[1] http://www.bbc.co.uk/news/world-africa-13864367
[2] http://www.bbc.co.uk/news/world-africa-13864368
[3] http://en.wikipedia.org/wiki/Malawi
[4] https://www.cia.gov/library/publications/the-world-factbook/geos/mi.html
[5] http://en.wikipedia.org/wiki/Malawi#Health

Made in the USA
San Bernardino, CA
20 November 2013